YOUCAT
Confesión
Update!

AF192654

YOUCAT

LATINOAMÉRICA

CONFESIÓN
UPDATE!

Dr. Klaus Dick, obispo auxiliar emérito

Rudolf Gehrig

Bernhard Meuser

Andreas Süß

Traducido del alemán por José Pérez Escobar

verbo divino

YOUCAT
Confesión

1ª edición, 2024

EDICIÓN ORIGINAL

Título de la edición original alemana: *YOUCAT Update! Beichten!*

Diseño de portada, maquetación, ilustración y composición tipográfica: Alexander von Lengerke, Colonia (Alemania)

Con permiso eclesiástico de impresión del Obispado de Augsburgo, nº 4163 del 7 de junio de 2013, monseñor Harald Heinrich, vicario general.

DE LA PRESENTE EDICIÓN PARA LATINOAMÉRICA

© De esta edición: Editorial Verbo Divino, 2024.
Traducción al español: José Pérez Escobar
Adaptación de contenidos: Equipo Bíblico Verbo

Impresión: Egedsa, Sabadell (Barcelona)
Depósito legal: NA 804-2024
ISBN: 978-84-1063-026-0
Impreso en España – *Printed in Spain*

Créditos de las imágenes

Sylvia Buhl, 12, 34, 57, 63, 67, 77, 84; Kazimierz Dzimitrowicz SVD, 59; Freepick, 26; Jozef Gwozdz SVD, 14-15, 79; Alexander von Lengerke, 72; Mariusz Mielczarek SVD, 65; Luc Serafin, 8, 20; Shutterstock, 61, 80; Andreas Süß (www.nightfever.org), 6; Unsplash, 70; © youmagazin, 42–43

Índice

Los símbolos y su significado:

99　Cita literal

!　Informaciones
　y consejos

Cita de la Sagrada Escritura

Preguntas del YOUCAT

A MODO
DE PRÓLOGO

Cuando tenía 15 años, aún no sentía el efecto verdaderamente liberador de la confesión. Pero han pasado muchas
cosas desde entonces. Ahora soy sacerdote y me siento feliz
de poder mostrar a los jóvenes la belleza del amor y la misericordia de Dios en el sacramento de la reconciliación, y de
experimentarlo yo mismo una y otra vez en mi propia confesión. He escuchado innumerables confesiones de jóvenes y
es muy conmovedor para mí ver cómo Dios nos libera de la
culpa, cura las heridas y nos da una nueva vida a través de
su perdón.

Antes de la Jornada Mundial de la Juventud de 2005, nunca habría pensado que los jóvenes se reunirían durante seis horas para orar y cantar y luego confesarse. Pero ese era exactamente el deseo de un grupo de jóvenes de Bonn que querían transmitir sus experiencias de la Jornada Mundial de la Juventud y de diversas comunidades espirituales. Hoy, el concepto se conoce como *Nightfever*. Y funciona en todas partes. En cada velada *Nightfever*, entre ocho y diez sacerdotes se sientan a la vista de todos (y a una distancia suficiente para que no se oiga nada) en las naves laterales de la iglesia. Delante de ellos está encendida una vela y un cartel indica lo que tienen que ofrecer: «Conversación, bendición y sacramento de la reconciliación». Delante de estos carteles se forman rápidamente largas colas. ¿Por qué? Porque en la confesión recibimos el poder liberador de la reconciliación y un nuevo comienzo con Dios. Y la alegría de esta experiencia es realmente visible. En una de esta veladas, una señora se me acercó de repente. Había visto a una joven salir de la confesión completamente relajada y feliz. Era palpable el peso que se había quitado de encima. La mujer se me acercó y me dijo: «Yo también quisiera sentir eso». Ella no sabía exactamente cómo funcionaba la confesión, pero había visto lo que ocurría. Por eso puedo recomendar de todo corazón:

¡Empieza de nuevo! ¡Ve a confesarte!

Andreas Süß
Director espiritual de *Nightfever*

1.

¡CONFIÉSATE!

Por qué es importante buscar la reconciliación con Dios y cómo hacerlo

Bernhard Meuser

¿Qué encabeza la lista de las cosas que menos gustan? Claramente, una visita al dentista. Pero después del dentista viene la confesión.

¿Contarle a un completo desconocido las peores cosas de mí mismo? ¿Es que estoy loco? ¿Y luego ir a un sacerdote y decirle que he robado, engañado y mentido? ¿Que he deseado que mi compañero de banco se fuera al infierno y que me he pasado media noche navegando en internet por páginas pornográficas? ¡Eso no es posible! ¡Qué pensará de mí! ¡Jamás podré volver a mirarle a la cara!

De acuerdo, es cierto. Hace falta mucha valentía para ello, también para afrontar los lados oscuros de la vida.

De alguna manera todos queremos ser los más

grandes.

¡Guau!

Queremos brillar, queremos que nos admiren.
Y muchas cosas de nosotros son realmente
admirables.

+ Uno es un genio en matemáticas
+ el otro es un atleta brillante
+ otro es simplemente genial como amigo,
   lo daría todo por ti

Pero todo el mundo sabe que también hacemos cosas

malas.

Puedes ocultar tu lado oscuro durante un tiempo. Pero un
día sale a la luz que mi genial trabajo escolar se basa en co-
piar y pegar. Nos pillan en una mentira, alguien se enfrenta
a nosotros: «¡Eh, llevas años mintiéndome!». Tenemos que
admitir que la adicción a mentir nos tiene en sus garras. Entonces la situación se vuelve embarazosa.

Los cobardes buscan entonces excusas y disculpas.
Los que tienen valentía dicen:

«Sí, así es. He metido la pata hasta el fondo.

¡Perdóname!»

En la mayoría de los casos, el valor de confesar se ve recompensado. Pero a menudo queda una sensación de vacío. Una vez tuve que decir esta difícil palabra a un amigo: «¿Puedes perdonarme otra vez?». ¿Y qué respondió mi amigo? «¡Vale, puedo perdonarte, pero nunca podré olvidar!». ¿Eh? ¿Qué clase de perdón es ese? En ese momento estuve ingenioso, y le dije: «¡Entonces prefiero que no me perdones pero que lo olvides!».

Hola, Dios,
¡sigo aquí!

Hace unos días volví a confesarme. Hola Dios, ¡todavía estoy aquí! He metido la pata bastante. Te he estado evitando. Sé exactamente por qué. Cada pecado, cada falta de amor te afecta a TI. Solo tú eres Dios. Solo tú puedes perdonarme.

Aquí estoy,
¡perdóname!

Aunque me he confesado cientos de veces en mi vida, siempre tengo que hacer un esfuerzo. Y eso que sé que cinco minutos después, al salir del confesionario, voy a estar tan contento como después de darme un baño en el mar.

+ Hay paz en mi alma.
+ Podría cantar y bailar de alegría.
+ No todo el mundo tiene esta alegría espontánea.
  Pero yo sí.

Bien, yo quería hablaros de una confesión en particular. Después de confesar mis pecados, el sacerdote me dijo unas palabras que me bajaron al alma como leche con miel: «Si te perdono tus pecados en nombre de Jesús, entonces sí que puedes empezar de nuevo. Imagínate: ¡totalmente nuevo! Sí, la vida está a punto de comenzar para ti desde el principio. Y te diré algo más:

Dios, que es amor, no solo te *perdona* tus pecados; en cierto sentido, ¡los *olvida*!

¡Oh! ¡Me hubiera encantado abrazar a ese hombre!

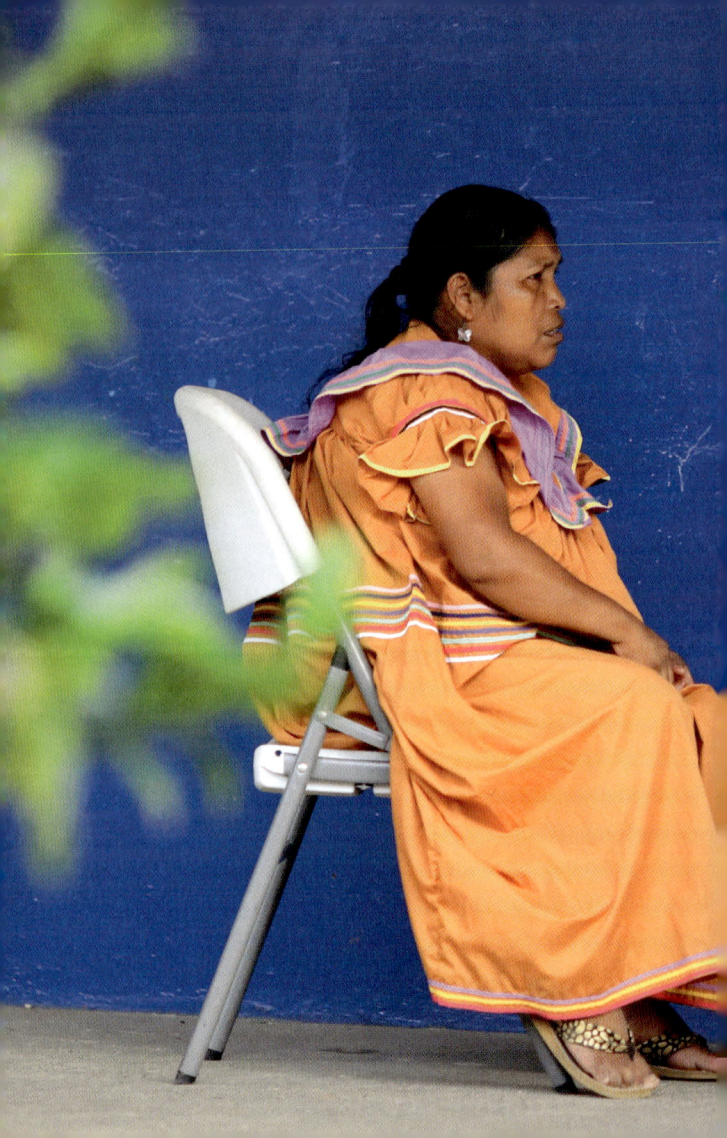

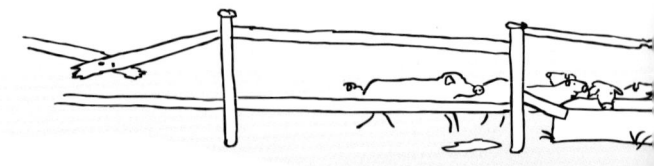

¿Cómo es Dios?
¡Sencillamente
increíble!

Sí, a menudo también pienso eso de mí: Oye, Dios, ¿cómo me he merecido que te intereses tanto por mí? Tú me conoces. Realmente no tengo muchas cosas buenas que mostrar.

Pero aparentemente a Dios no le importa. Su amor es inquebrantable. ¿Y qué me provoca eso? Me rindo. Vengo trotando como el hijo pródigo del evangelio. A veces no puedo creer que el Padre celestial me abra de nuevo los brazos y me salude con una sonrisa. Balbuceo como el hijo pródigo: «Padre, pequé contra el Cielo y contra ti; no merezco ser llamado hijo tuyo» (Lc 15,21).

No puedo creer cómo reacciona Dios ante mí como pecador arrepentido. Normalmente tendría que decir: ¡Ahora me va a matar! ¡Su mirada castigadora me aniquilará! ¿No tendría que decir algo como: «¡Vete! ¡Apártate de mi vista! ¡No quie-

ro volver a verte *nunca más*!». ¡Pero eso es exactamente lo que Dios no hace! Está totalmente feliz de que le haya encontrado. Me ha preparado un banquete. ¡Todo de lo mejor!

❞ Algunos dicen: «Yo he hecho demasiado mal, el buen Dios no puede perdonarme». ¡Eso es una burda blasfemia! Significa poner un límite a la misericordia de Dios. Pero no tiene límite: es ilimitada. Nada ofende tanto a Dios como dudar de su misericordia.

JUAN MARÍA VIANNEY
(CURA DE ARS)

¿Qué es la confesión?

+ La confesión es como **el periódico**

Update

SPECIAL ✦ UPDATE?
Yes   No

en mi vida. Si me pierdo esta actualización, un día mi *software* dejará de funcionar. Mi portátil estará indefenso ante virus y troyanos.

+ La confesión es como **el**

mantenimiento

del coche. El coche tiene que ir al taller cada 30 000 kilómetros como máximo, de lo contrario se para y se estropea el motor. La Iglesia dice que todo cristiano católico debe confesarse al menos una vez al año, preferiblemente antes de Pascua.

+ La confesión es como **una**

ducha

después de una agotadora caminata. Llegas a casa muerto de cansancio. El polvo del camino se ha mezclado con tu sudor. Apestas y no puedes salir con la gente. Pero, después de una ducha, te sientes como una persona nueva. Tu piel puede respirar de nuevo. Tu ánimo vuelve. Te pones ropa limpia.

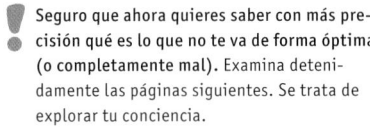

+ La confesión es como **el final feliz de**

conducir en sentido contrario

Pecar es como viajar a 160 km/h en la dirección equivocada. Si quieres evitar un choque, solo tienes una oportunidad: ¡dar la vuelta al coche y conducir en la otra dirección!

¿Se te ocurren otras comparaciones?

Seguro que ahora quieres saber con más precisión qué es lo que no te va de forma óptima (o completamente mal). Examina detenidamente las páginas siguientes. Se trata de explorar tu conciencia.

2.
IN & OUT

Un examen de conciencia algo diferente

Si quieres examinar tu conciencia –ya sea al final de un día, en vacaciones o porque quieres confesarte ahora–, te ayudará el llamado «examen de conciencia». Insuperables para el examen de conciencia son, por supuesto, «Los Diez Mandamientos» y el doble mandamiento de amar a Dios y al prójimo (se encuentran en la contracubierta interior trasera del libro). Encontrarás un examen de conciencia detallado en el *YOUCAT Confirmación*.

He aquí un examen de conciencia en forma de una lista **IN & OUT**. Estas listas suelen ser cuestión de gustos. Lo que hoy está de moda, mañana dejará de estarlo. Aquí tienes una lista **IN & OUT** que puede darte algunas pistas. La palabra más importante en este examen de conciencia es «amor». El amor siempre está de actualidad, ayer, hoy y mañana. Sin amor, todo se viene abajo: el Estado, la familia, tu propia vida. Los que aman de verdad están en el camino hacia Dios, que no es otra cosa que amor sin rodeos.

Esta lista **IN & OUT** es un examen de conciencia que no se limita a enumerar pecados. Debajo de IN encontrarás las cosas realmente de moda. Amar, buscar apasionadamente el bien y hacerlo siempre mejor es mil veces más importante que estar eternamente obsesionado con los pecados (OUT) para no cometer faltas. Tú debes ser un gran amante, no un quisquilloso que siempre quiere evitar el pecado.

IN

OUT

IN	OUT
Poner a Dios en primer lugar en la vida	Posponer la relación con Dios para más tarde
Mostrar públicamente que eres cristiano	Creerse el más grande
Tener una cruz, un icono, un póster de la Biblia, un signo de fe en la habitación	Amar a una persona o cosa más que a Dios
Pensar en Dios a primera hora de la mañana y a última hora de la noche	Tomarse un «descanso de Dios» en vacaciones
Ir a misa los domingos	Ser supersticioso, practicar el esoterismo, creer en los horóscopos
Defender a Dios cuando otros blasfeman contra él	Centrarse en la diversión permanente y no tener tiempo para Dios
Invocar a Dios, pidiéndole que intervenga en mi vida	Avergonzarse de la fe
Buscar a Dios y su voluntad en la Biblia y en la Iglesia	Blasfemar a Dios, maldecirlo, desafiarlo
Informarse sobre la fe, perfeccionarse intelectualmente	Repetir como un loro sin sentido crítico los prejuicios contra la Iglesia
Hacer diariamente un examen de conciencia y confesarse con regularidad	Considerarse mejor (o peor) ante Dios que los demás pecadores

...OR ___

IN

Regocijarse en la vida

Dar gracias a Dios por las cosas buenas de la vida, pero también por las difíciles

Implicarse políticamente, socialmente, en la Iglesia, responsabilizarse de los demás

Estar atento: leer el periódico, ver las noticias, estudiar los portales de noticias, escribir cartas críticas al director, publicar en foros

Cantar, bailar, hacer deporte

Cocinar algo rico y compartirlo con los demás

Salir a espacios naturales

Hacer más acogedor el entorno vital

Admirar la creación, maravillarse del cielo estrellado

Escuchar música y componer

Comer chocolate

OUT

Vivir exclusivamente para la propia diversión

Abandonar el mundo a su suerte

Comer solo comida basura y producir constantemente residuos plásticos

Trabajar solo para agrandar la propia cartera

No oponer resistencia a la codicia

Contaminar el medio ambiente

Torturar animales

Explotar la tierra, el trabajo, el amor de los demás, explotar el propio cuerpo

Esconder, enterrar los propios talentos y dones

Holgazanear, dejando que las cosas se desperdicien

Refunfuñar, criticarlo todo, ser pesimista

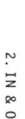

IN

Ser agradecido

Ser un buen amigo al que se
puede llamar día y noche

Perdonar a otro de corazón
y pedir perdón uno mismo.

Llevar alegría a los demás

Soportar pacientemente
a la gente molesta

Actuar con nobleza,
ser «noble» e idealista

Orar por los demás

Llamar injusticia
a la injusticia

Ayudar a las personas mayores
y discapacitadas

Regocijarse con los demás,
tener compasión

Abogar por los extranjeros

Tratar con respeto
a la persona de sexo opuesto

Ser sincero, sin herir

Ser cien por cien fiel

OUT

Blasfemar y chismorrear,
menospreciar a los demás

Robar la propiedad de otras
personas en internet

Engañar, timar, mentir, tener
doblez y fingir, urdir intrigas

Manipular a los demás, abusar
de ellos para los propios
objetivos

Divulgar secretos

Despreciar a los demás

Seducir a alguien, utilizarlo
sexualmente

Envidiar a otros

No decir nada cuando los
amigos se drogan

Hacer falsas promesas

Ser intransigente, no querer
reconocer los propios errores

Representar un peligro para
los demás en la carretera

Participar en un aborto o
estar de acuerdo con él

AB

A MÍ MISMO

IN

Crecer en la fe, construir una relación auténtica con Dios

Nunca dejar de trabajar en uno mismo, de educarse, de querer mejorar

Reconocer las propias fuerzas y debilidades

Aceptarse como Dios nos ha aceptado, mirarse con sus buenos ojos

Cuidar bien el cuerpo, buscar el sol, el aire y hacer ejercicio

Ser capaz de esperar hasta el matrimonio

Ser capaz de reírse de uno mismo, no tomarse demasiado en serio

Perdonarse a uno mismo

Disfrutar de la comida

No enfadarse por todo

Distinguir lo importante de lo que no lo es

Alimentar la conciencia

OUT

Descuidar las señales corporales, no ir al médico

Practicar el culto fanático al cuerpo

Fumar, tomar drogas, emborracharse

Consumir pornografía, masturbarse

Subordinar todo a la propia carrera

Mendigar compasión

Ocultar y minimizar adicciones y dependencias

Explotar el cuerpo, trabajar en exceso

Arriesgar la vida temerariamente

Ser egoísta

Dejar que los malos hábitos nos dominen

EL SACRAMENTO DE LA CONFESIÓN

¿Cómo funciona ahora?
¿Qué se necesita?
¿Y cómo lo hago?

En primer lugar, necesitas

arrepentirte.

Así que debes sentirlo de verdad. No basta con que murmures algo con los labios, porque una vez leíste en alguna parte que tal o cual cosa es pecado.

Tienes que estar convencido de que has hecho algo que está mal, de que has herido o mancillado a otros o a ti mismo, de que te has olvidado de Dios y has alterado el orden divino. La conciencia es una veleta si no está orientada hacia los mandamientos (en la contracubierta interior trasera del libro encontrarás «Los Diez Mandamientos» y «El Doble Mandamiento del Amor»). Antes de poner en marcha tu conciencia, debes tener en cuenta el octavo mandamiento: «No mentirás».

Pero, cuidado, nos gusta mentirnos a nosotros mismos y decirnos: «¡Eh, ya lo arreglaré con mi conciencia! Asumiré la culpa».

Se han dicho mentiras, se han cometido traiciones, profanaciones y asesinatos en nombre de la conciencia. Por eso, si no estás seguro de algo, pregunta al sacerdote. Él puede ayudarte a armonizar tu conciencia con los mandamientos de Dios.

→ 1 Jn 1,8

→ 297

¿Se puede formar la conciencia?

El arrepentimiento también incluye el

propósito
de enmienda.

99 Puede
suceder que uno
caiga. Solo es
imperdonable
no levantarse.
WINSTON
CHURCHILL

Esto significa que debes tener la verdadera
intención de no volver a cometer los pecados que confiesas a tu confesor.

Ahora podrías decir: «¡De ninguna manera!
Sé a ciencia cierta que volveré a caer en las
drogas. Simplemente no puedo hacerlo».
Eso habla a favor de tu realismo. Quizá realmente no puedas decir adiós a las drogas
para siempre de inmediato.

Pero si tienes la verdadera intención de dar lo mejor de ti
mismo, puedes confiar en que Dios, a través del ministerio
del sacerdote, te dará el perdón y la paz. Verás: en la confesión recibirás un poder sobrenatural para el bien con el
que no contabas. Tal vez el impulso de hacer el mal vuelva a
ti un día y no seas capaz de resistir la tentación. Entonces,
¡vuelve a confesarte! ¡Y una vez más! ¡Y otra vez más! Puedes
venir mil veces con la misma historia. Eso no cambia nada,
absolutamente nada, la misericordia de Dios.

→ Lc 15,11-32

El Padre siempre está con los brazos abier-
tos. ¡Y te ha preparado otra fiesta! ¿Increíble? ¡No!

A continuación, necesitas la

confesión.

Esto significa que no basta con que hagas una pequeña recopilación de tus pecados y faltas en tu corazón, y la repases una vez a la semana, entre que te desvistes y te vas a dormir. Hacer un breve examen de conciencia con regularidad es importante.

Pero si realmente quieres tener una reconciliación fundamental con Dios (o debes tenerla porque has cometido un pecado grave que te separa de Dios), entonces solo la confesión a un sacerdote te ayudará.

Jesús dotó a los apóstoles y a sus seguidores de una autoridad casi increíble: «Los pecados serán perdonados a los que ustedes se los perdonen, y serán retenidos a los que ustedes se los retengan». Solo Dios puede perdonar los pecados. Jesucristo confía ahora este milagro a la Iglesia. El amor de Dios quiso que las cosas se concretaran. Si quieres empezar de nuevo tu vida, no tienes que reprocharte sin cesar mirando al cielo. Acudes a un sacerdote y le dices: «Así están las cosas. Me arrepiento de ello ante Dios». Y si el sacerdote ve que lo dices de verdad, te concederá el perdón de Dios.

→ Jn 20,23

→ 228

¿Quién puede perdonar los pecados?

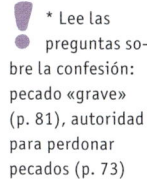

* Lee las preguntas sobre la confesión: pecado «grave» (p. 81), autoridad para perdonar pecados (p. 73)

¡ENTREMOS!

El rito de la confesión

Supongamos que te has decidido por el confesionario y no por el diálogo confesional*. Has hecho un examen de conciencia previo. Tal vez hayas escrito una nota para confesarte **. Has invocado al Espíritu Santo de Dios*** para que te conceda una buena confesión. Todo va bien. Ahora se enciende la luz verde del confesionario (o alguna otra señal de que alguien no se está confesando). ¡Así que vas a entrar!

El sacerdote te da la bienvenida. Entonces es tu turno. Hazte la señal de la cruz y di:

En el nombre del Padre, del Hijo y del Espíritu Santo. Amén.

Ahora el sacerdote dice:

Que Dios, que ilumina nuestros corazones, te conceda el verdadero conocimiento de tus pecados y su misericordia.

Respondes:

Amén.

¡Así, tan fácil!

Ahora tienes el tiempo necesario para hacer tu confesión, para acusarte. Suena burdo, pero es exactamente lo que se quiere decir. Se supone que debes confesar tu culpabilidad, no explicar que eres inocente. ¡Así que es una verdadera acusación personal! Vaya, eso requiere valor.

Simplemente debes decir a qué conclusiones has llegado tras examinar tu vida a la vista de Dios. Hay dos preguntas básicas, ambas igualmente importantes. La primera es:

¿Qué **mal he hecho**?

Y la segunda es:

¿Qué **bien he dejado de hacer**?

Un pequeño consejo: a veces pecamos más por no hacer que por hacer. Tenlo en cuenta por si no se te ocurre en qué has pecado.

Si te sirve de ayuda, utiliza tu nota para la confesión**.

Al final de tu confesión, debes decir algo que exprese tu arrepentimiento. Por ejemplo:

Estos son mis pecados. Los confieso con arrepentimiento y humildad.

* Lee el apéndice: «¿Confesionario o diálogo confesional?», página 68
** Lee lo que se dice en la página 51
*** Mira algunas oraciones para la confesión, página 35

¡Ahora es el turno del sacerdote!

Puede hacerte una pregunta, pero lo hará con cuidado y amabilidad. El sacerdote no quiere sondearte. Se trata de *tu* confesión. El confesor te presta un servicio divino. Quiere ayudarte a reconocer bien tus pecados y a expresarlos correctamente.

A continuación, te da consejos espirituales, es decir, te dice cosas a las que podrías prestar especial atención.

El sacerdote te impondrá ahora una pequeña «obra de penitencia», normalmente una oración específica que deberás rezar después de la confesión. Se supone que esto es un pequeño signo de

penitencia

de tu parte y de tu voluntad de

reparar

la ofensa que has causado a Dios con tu pecado. Esta reparación forma parte del sacramento de la penitencia. También incluye reparar cualquier daño que hayas hecho. Así, si has robado algo, debes devolverlo (esto también puede hacerse de forma anónima). Si has hecho daño a alguien, al menos debes pedirle disculpas.

Posteriormente, el sacerdote puede darte la

absolución

Dios, Padre misericordioso,
que reconcilió consigo al mundo
por la muerte y la resurrección de su Hijo
y derramó el Espíritu Santo para la remisión de los pecados,
te conceda, por el ministerio de la Iglesia,
el perdón y la paz.
Y yo te absuelvo de tus pecados
en el nombre del Padre † y del Hijo
y del Espíritu Santo.

Respondes: *Amén*.

Al final el sacerdote dice:

El Señor ha perdonado tus pecados. Ve en paz.

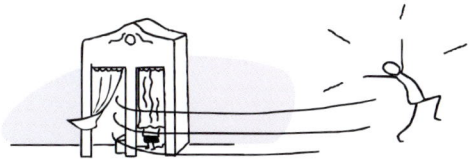

BUENAS ORACIONES PARA LA CONFESIÓN

Algunas personas piensan que, cuando se trata del pecado y la confesión, tienen que hablar bastante *consigo mismas*. Es un error. Es mejor encender una vela, hablar con Dios, mirar una cruz o un icono. En el diálogo con Dios, te das cuenta de muchas cosas sobre ti mismo. Una buena confesión siempre va acompañada de buenas oraciones. Puedes rezar libremente, pero también puedes recurrir a estas oraciones:

Lava mi culpa

y limpia mi pecado.
Porque reconozco mis malas acciones,
mi pecado está siempre ante mis ojos.
Contra ti solo he pecado,
he cometido el mal que detestas.
Lávame y quedaré más blanco que la nieve.
Lléname de deleite y alegría.
Que se regocijen los miembros que has roto.
No me rechaces de tu presencia
y no me quites tu Espíritu Santo.
Hazme feliz de nuevo con tu salvación,
dame un espíritu firme.
Amén.

del SALMO 51

Una oración para un buen examen de conciencia

Te necesito a ti,

Señor, como mi maestro,
cada día te necesito.
Dame la claridad de la conciencia,
que solo puede alcanzar
tu Espíritu.
Mis oídos son sordos,
no puedo oír tu voz.
Mi vista está empañada,
no puedo ver tu signo.
Solo tú puedes afinar mi oído,
aclarar mi mirada
y limpiar mi corazón.

Enséñame a sentarme a tus pies,
y a escuchar tu palabra. Amén.

JOHN HENRY NEWMAN

Una oración al Espíritu Santo para hacer una buena confesión

Ven, Espíritu Santo,

Ven, Espíritu Santo,
dame la gracia de reconocer mis pecados,
de arrepentirme seriamente de ellos,
de confesar sincera y honestamente,
y hazme verdaderamente mejor. Amén.

Oraciones de arrepentimiento

Dios mío,

siento de todo corazón
haber respondido tan mal
a todo tu amor por mí.
Me duele en el alma
haber pecado contra tu infinita misericordia
con mis palabras,
mis pensamientos, mis acciones y omisiones.
Perdóname, Señor.
Mírame mientras me acerco a ti,
tan imperfecto y con las manos vacías.
Ten piedad de mí.
Creo que quieres aceptarme de nuevo como tu hijo.
Busco tu amor y tu perdón sin límites.
Resuelvo firmemente arrepentirme,
no volver a caer en el pecado
y evitar las oportunidades de pecar.
Cúrame y sáname
por tu pasión y muerte
y dame la gracia
de responder mejor a tu amor. Amén.

Jesús,

siento mucho
haberte fallado otra vez.
A veces la tentación es demasiado
grande, yo mismo demasiado débil
o mi confianza en ti demasiado pequeña.
Te agradezco que una y otra vez
hayas querido perdonarme
y te prometo que, fortalecido con la
confesión, comenzaré una lucha por una
vida nueva, una vida como a ti te agrada.

Te ruego: fortaléceme para todas las
luchas que vendrán,
y dame la conciencia de que te tengo a mi lado
como compañero de lucha.
Estoy contento de que cuentes conmigo
y más todavía por los planes que tienes para mí.
No permitas, Dios mío, que me desanime
por las desilusiones que te causo. Amén.

RUDOLF GEHRIG

Qué hermoso

es, Padre bueno,
que no podamos caernos de tus manos.
Están debajo de nosotros cuando caemos;
están junto a nosotros si vacilamos,
están sobre nosotros en el peligro.

BERNHARD MEUSER

Dios,

cuando tropiezo en todos los obstáculos
y fallo en todas las pruebas
y, en cualquier caso, caigo
y finalmente soy apartado
cuando ya no me puedo levantar:
entonces estás tú ahí, en lo más hondo del barro,
a mi lado y en mi fe.

BERNHARD MEUSER

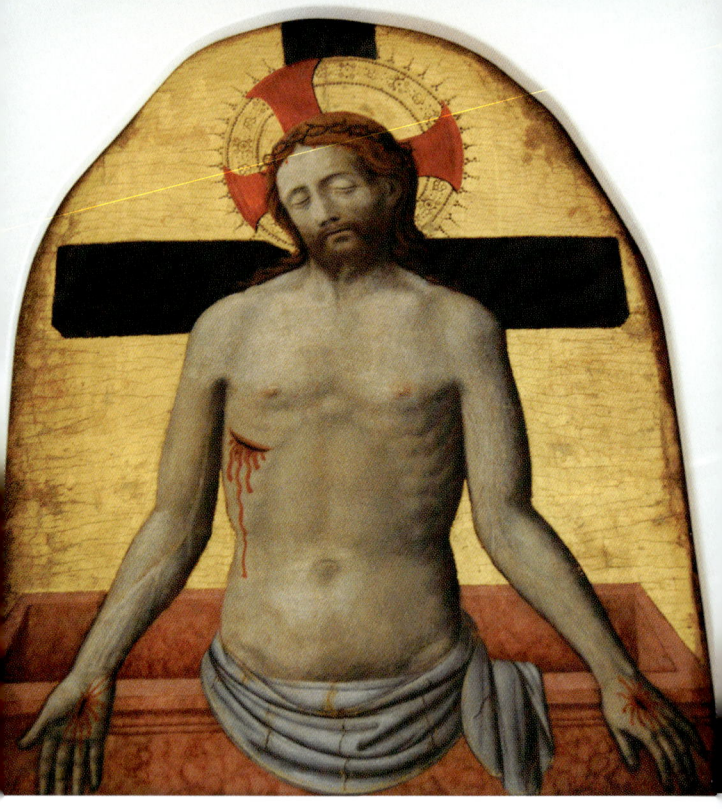

Ayúdame, Señor,

a que te conozca mejor
y te ame más
para que te siga con determinación.

SAN IGNACIO DE LOYOLA

Señor mío y Dios mío,

toma todo de mí, lo que me aleja de ti.
Señor mío y Dios mío, dame todo lo que me lleva a ti.
Señor mío y Dios mío, tómame contigo y date
totalmente a mí.

NIKLAUS VON DER FLÜE

Padre mío,

me abandono a ti.
Haz de mí lo que quieras.
Lo que hagas de mí te lo agradezco,
estoy dispuesto a todo, lo acepto todo.
Con tal que tu voluntad se haga en mí
y en todas tus criaturas, no deseo nada más, Dios mío.
Pongo mi vida en tus manos.
Te la doy, Dios mío, con todo el amor de mi corazón,
porque te amo, y porque para mí amarte es darme,
entregarme en tus manos sin medida,
con infinita confianza, porque tú eres mi Padre.

CHARLES DE FOUCAULD

3.
CONFESAR: YES, I CAN!

Rudolf Gehrig terminó el bachillerato en 2012. Actualmente hace prácticas en una parroquia de Senden (Iller) para discernir qué quiere Dios de su vida. Desde la última Jornada Mundial de la Juventud, la «confesión» ha sido un tema importante para él.

Pretendía ser una travesura de un chico normal: lancé un arandela de goma al otro lado de la clase, ¡pero rebotó en el marco de la puerta y aterrizó justo en la cara de la profesora! Como resultado, fui reprendido y tuve que pasearme por el patio en cada recreo con una bolsa de basura y unas pinzas para retirar los desperdicios. ¡Fue genial! ¿Tienes idea de la cantidad de chicles que se pegan en el suelo de un patio de recreo? Bueno, yo ahora sí. De todos modos, un recreo no era suficiente para limpiar todo el patio, pero incluso los lugares que limpié estaban tan llenos de basura como antes al día siguiente.

Demasiada basura en mi vida

Dependiendo de las condiciones del suelo y de la humedad, una cáscara de plátano tarda alrededor de un año en descomponerse, una bolsa de plástico entre 1 000 y 3 000 años, y el uranio-238 solo se descompone a la mitad tras 4 468 millones de años. Sin embargo, todo esto no es nada comparado con la basura que nunca se pudre: el pecado. En algún momento me di cuenta: el pecado produce residuos peligrosos de la clase «altamente tóxica» porque afecta a todo el mundo, influye en nuestras vidas y puede

destruirlas. Contamina mi paisaje interior. El pecado no tiene vida media, no se descompone, pero hay una forma de deshacerse de esta suciedad acumulada: la confesión.

¡Empezar todo de nuevo!

La confesión, me he dado cuenta, es algo muy sencillo. Dios me dice: «Has pecado, pero porque te arrepientes sinceramente y porque te amo, te perdono». Rompe mi pagaré, pulsa el botón de resetear, vacía la papelera y pulsa «reiniciar». Me da otra oportunidad, un nuevo comienzo.

Sin embargo, en sentido estricto, no empiezo «desde el principio». No es como en un juego en el que el personaje tiene que volver al punto de partida y hacerlo todo de nuevo. Es más bien como en un circuito de carreras: debido a los pecados que he acumulado a lo largo del tiempo, me salgo de la curva. Dios coge mi coche y me devuelve a la pista. No tengo que volver al punto de partida, simplemente puedo continuar donde lo dejé. Vuelvo a la carrera, recién lavado, con el depósito lleno. Y a partir de ahora, ¡correré con un juego de neumáticos nuevos!

Aunque nuestra conciencia nos reproche algo, Dios es más grande que nuestra conciencia y conoce todas las cosas.
1 JUAN 3,20

→ 314

¿Cómo sabemos que Dios es misericordioso?

No quiero hacerlo. Pero entonces vuelve a ocurrir

Desde la caída de Adán y Eva ha sido así: el pecado ocurre todo el tiempo, no importa cuánto me resista a él. Y si alguna vez llegara al punto de decir: «Estupendo, ahora ya lo he hecho, ya no soy capaz de pecar», entonces estaría muerto o tan cegado por el orgullo que estaría aún más maduro para la confesión.

→ 68
¿Pecado original? ¿Y qué tenemos que ver nosotros con el pecado de Adán y Eva?

¿Qué tal el día?

He introducido un pequeño ritual en mi vida: Entablo una conversación con Dios todas las noches antes de irme a dormir. Dejo que Dios me pregunte: Oye, chico, ¿qué cosas buenas has hecho hoy? ¿En qué has metido la pata? Al examinar mi conciencia de este modo, evito que ciertos pecados se conviertan en habituales y que mi conciencia se embote poco a poco. C. S. Lewis comparó una vez la conciencia con una piedra afilada en el corazón; cuando pecas, esta piedra te pincha el corazón. Pero si pecas continuamente de modo que esta piedra permanece en contacto permanente con la pared de tu corazón, este último forma un callo hasta que llega un momento en el que no notas absolutamente que pecas.

99 La forma más incómoda de moverse es internarse en uno mismo.
KARL RAHNER

Necesito un sistema de alerta temprana

En algunas cosas es evidente que estoy en el camino equivocado. En otras me falta visión de conjunto. Pero para ver claro también aquí me ayudó una vez el sacerdote con el que me confesé (mi «confesor»). He conseguido comprender muchas cosas también al leer la Sagrada Escritura o el Catecismo.

He notado un mecanismo en mí que me lleva inconscientemente por el mal camino:

→ 312
¿Cómo sabe una persona que ha pecado?

Pegué a mi hermano pequeño. En realidad, yo no quería, en absoluto, pues es un buen chico. Sin embargo, ¿cómo sucedió eso? Está bien, allí estaba el tema de las dos monedas que tenía encima de mi escritorio y que de repente desaparecieron. Aunque mi hermano lo negó y vació su hucha para demostrarme que él no había tomado mi dinero, a pesar de ello, no estoy totalmente convencido de su inocencia. A continuación, en el desayuno, tomó el último panecillo, a pesar de que yo tenía hambre, pero, por cortesía, quería esperar, por si mamá o papá lo querían. Pero al hermano pequeño se le permite todo, no le riñen nunca. Ofendido, vi con asombro como él mostraba muy

99 El amor comienza hoy. Hoy sufre alguien. Hoy hay alguien en la calle.
Hoy alguien tiene hambre.
Hoy tenemos que empezar. Ayer ya pasó. Mañana todavía no existe.
Solo hoy podemos dar a conocer a
Dios, amando, sirviendo, alimentando a hambrientos, vistiendo a los desnudos, procurando un techo a los pobres.
¡No esperes a mañana! Mañana estarán muertos si hoy no les damos nada.
MADRE TERESA

orgulloso a nuestros padres su dibujo y mamá lo colocó enseguida en la puerta de la nevera. Luego entró tres veces en mi habitación sin haber llamado, y cuando le pillé después con mi móvil, cuyos SMS acababa de curiosear, le di una bofetada. Entonces corrió llorando hacia mamá, me ardía la mano, y de repente me arrepentí terriblemente, y te pregunto qué me había vuelto a pasar.

Examinando sinceramente mi conciencia, descubro que a menudo son las pequeñas cosas las que se suman hasta que llega el desastre. El sistema de alerta temprana funciona, puedo tomar medidas a tiempo y evitar ciertas oportunidades de pecar. Si sé que es mejor no llevarme el ordenador a mi dormitorio, lo dejo fuera. Eso es mejor que arrodillarme ante Dios a la mañana siguiente y rogarle que me perdone por arrastrarme por el barro hasta el amanecer.

Si se enojan, no se dejen arrastrar al pecado ni permitan que la noche los sorprenda enojados.
EFESIOS 4,26

99 Las tentaciones son como los vagabundos: si se los trata con amabilidad vuelven y traen a otros consigo.
MARK TWAIN

¡Yo también tengo que quererlo!

Un amigo mío, al que se le nota que no le disgusta la comida deliciosa, se puso a dieta de forma bastante radical seis semanas antes de Navidad y la mantuvo durante cinco semanas. Entonces llegó un paquete de su tía. Estuvo un rato sobre su mesa y sabía exactamente lo que había dentro: un montón de galletas caseras. Mi amigo se dio cuenta de que, si abría el paquete y veía las galletas, tendría que comérselas también, pero eso sería el fin de su autocontrol. Miró el paquete durante un rato, lo abrió de repente y ya era demasiado tarde: la dieta había terminado.

Aunque disponga de un sistema de alerta temprana, de nada me sirve si mi voluntad es débil. Para hacer algo contra el poder destructivo del pecado en mi vida, no solo necesito comprensión, sino también una buena dosis de *fuerza de voluntad*. Y, por supuesto, un juicio claro que distinga el bien y el mal.

" Haz lo que puedas, pide lo que no puedas, y Dios te dará para que puedas.
SAN AGUSTÍN

→ 291

¿Cómo puede distinguir una persona si sus actos son buenos o son malos?

Un alegato a favor de escribir una «nota para la confesión» ...

Es evidente que no tienes por qué poner por escrito tus pecados si quieres confesarte. Nadie que reciba con frecuencia el sacramento de la reconciliación con Dios lo hace. Alguien me dijo una vez: «Para una buena confesión, las notas para la confesión y el examen de conciencia son como la muleta derecha y la izquierda. Cuando un día puedas caminar... ¡tíralas!». Pero, bueno, ¡yo aún no estoy preparado! Y las utilizaré mientras lo necesite. Quiero tomarme muy en serio mi relación con Jesús.

A mí me ayuda mucho un buen examen de conciencia, pues, de lo contrario, lo único que me suele venir a la mente es que no he matado a nadie ni he atracado un banco. Eso es un gran comienzo. Pero luego necesito «la lista» para recordarme específicamente que no se trata solo de las cosas malas que no he hecho, sino de las cosas en las que realmente he metido la pata: las cosas buenas que le debo a Dios, a los demás y a mí mismo.

99 Al buen Dios le gusta ser importunado.
SAN JUAN MARÍA VIANNEY (CURA DE ARS)

Trabajar en la lista de faltas

Como aún estoy en formación, recurro a un examen de conciencia. Lo reviso punto por punto. Al igual que los inspectores técnicos revisan el coche con una lista de comprobación, traslado los puntos relevantes a mi «lista de defectos». El sentimiento de consternación que surge al final de una larga lista es el «arrepentimiento» que necesito para que Dios perdone mis pecados. Las «partes más graves» están al comienzo de mi lista para que pueda pasar por ellas rápidamente durante la confesión y no tenga la tentación de saltarme esos puntos por un sentimiento de vergüenza.

¡Ras, ras, ras!

La hoja con las notas para la confesión tiene un simbolismo especial. Cuando ha cumplido su función, la rompo en pedacitos –ras, ras, ras–. Todo lo que se interponía entre

Dios y yo salta por los aires. Lee lo que Pablo escribió en Colosenses 2,14: «Él canceló el acta de condenación que nos era contraria, con todas sus cláusulas, y la hizo desaparecer clavándola en la cruz».

→ Col 2,14

Otra cosa: no escribo mi nota de confesión en mi teléfono móvil, no la publico en Facebook y no la escribo en mi cuaderno de matemáticas. Solo utilizo un papel. Escribo mi nota de confesión como muy pronto un día antes de la confesión. Un minuto después de que me hayan absuelto, no son más que unos trozos de papel que el viento se lleva o se comen las llamas.

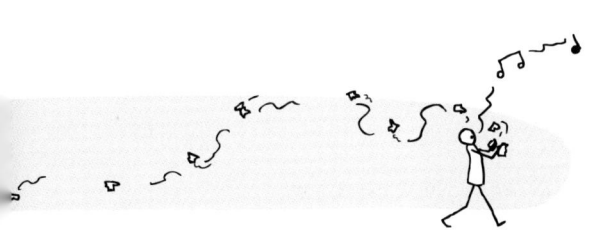

STOP!

¡Lo más importante es el amor!

Pero algunos también se exceden en la búsqueda de pecados. Toda su vida cristiana y sus oraciones consisten únicamente en la loca búsqueda de nuevos pecados que hayan podido cometer. Piensan que Dios solo los amará cuando se hagan lo más pequeños y feos posible ante él. Su vida está como refrenada. No se atreven a hacer nada. Podrían hacer algo mal. En lugar de alabar la grandeza de Dios, piensan constantemente en sus propias debilidades. Están siempre creyendo que Dios solo les dice lo terriblemente pecadores que son.

Se les llama *escrupulosos* («escrúpulo» = falsa inhibición). El mejor confesor del mundo, el sacerdote francés de Ars, Juan María Vianney (1786-1859), tuvo que lidiar a menudo con los «escrupulosos». Los que se confesaban con él debían «evitar todas las acusaciones inútiles, todos esos escrúpulos que te hacen decir lo mismo cien veces, lo que cuesta al confesor un tiempo innecesario y molesta a todos los que esperan fuera del confesionario».

El Cura de Ars recomendaba: «confesar lo que es incierto como incierto, y lo que es cierto como cierto». Lo esencial es «evitar toda simulación: que vuestro corazón esté en vuestros labios. Podéis engañar a vuestro confesor, pero acordaros de que nunca engañaréis a Dios, que ve y conoce vuestros pecados mejor que vosotros».

Una cosa está clara: hay que hacer examen de conciencia, una y otra vez. Pero, por favor, ¡sé sobrio, breve y conciso! Al Cura de Ars le gustaban las confesiones breves, sinceras y con pocas palabras.

+ Dios perdona y olvida los pecados.
+ ¡Entonces olvídate también de ellos!
+ ¡Aléjate de la fijación en el pecado!
+ ¡Mira a Dios, que es amor!

El distintivo de los cristianos debe ser la alegría.

Dios no quiere que andes por ahí como un tipo depresivo que solo mira constantemente al abismo de su propia alma.

BERNHARD MEUSER

Me busco un sacerdote

Sé que algunas personas preferirían librarse de sus pecados orando de noche directamente a Jesús, desahogándose con su mejor amigo y ser absueltas por una máquina expendedora. Pero Jesús entregó la autoridad para perdonar los pecados a la Iglesia. Él puso las reglas del juego. Así que le creo y busco un sacerdote para empezar una nueva vida.

Aunque ya no está permitido hacer ruido en la calle a partir de cierta hora, siempre se puede acudir al sacerdote. No hay por qué abusar de su tiempo mientras no haya una emergencia (por ejemplo: el avión cae en picado, el sacerdote de la fila de delante duerme plácidamente como un bebé, ¿debo despertarle?). Aparte de eso, cada parroquia tiene sus propios horarios de confesión. Puedo encontrarlos en internet, leerlos en el boletín parroquial o preguntar al sacerdote.

Pensé en qué es mejor: ¿confesarme con un sacerdote que conozco bien? ¿O con alguien con quien no tengo nada que ver en la vida cotidiana? Hago las dos cosas, pero creo que la segunda opción es ligeramente mejor. Así no tendremos que fingir que el sacramento no tuvo lugar, cuando todos los muros se

→ 228

¿Quién puede perdonar los pecados?

→ 238

¿Puede un sacerdote contar algo de lo que se ha enterado en la confesión?

derrumbaron entre él y yo por un momento. ¿Con qué frecuencia debo confesarme? La regla es clara para mí: quien haya cometido un pecado grave debe confesarse y no puede comulgar antes. Por lo demás, todo católico debería confesarse una vez al año, especialmente antes de Pascua, aunque no sea consciente de ningún pecado grave. Y yo, ¿con qué frecuencia lo hago? Unas pocas veces al año. Creo que debería aumentar el número de veces. Pero hay algún diablillo que frustra mis planes...

¿Qué es mejor: confesarse en un confesionario o confesarse mediante un diálogo confesional? Página 68

→ 234

¿Cuándo hay obligación de confesar los pecados graves? ¿Con qué frecuencia hay que confesarse?

Recuerda, antes de entrar en la Tierra Prometida, tienes que cruzar el mar Rojo y el desierto.
SAN JUAN BOSCO

Puedes encontrar buenas oraciones para prepararte para la confesión en las páginas 35-41.

¡No dejes que te vuelvan loco!

De repente se me ocurren mil cosas que me impiden acudir a esa cita con ÉL en el confesionario. De repente recuerdo que debería volver a limpiar mi habitación, que aún no he devuelto la llamada a mi novia o que el carburador de mi ciclomotor necesita un cambio urgente... También me doy cuenta de repente de que no soy tan malo como pensaba, que mis pecados no son asunto del sacerdote y que me avergüenzo de haber creído alguna vez en esa tontería del perdón de los pecados y haber escrito una nota. Vale, ya sé lo que sucede; hay alguien trabajando en mí desde el otro lado al que no le gusta nada que me reconcilie con Dios. ¿Nervios agitados, sudoración, palpitaciones, tensión alta, ganas de orinar? Al médico. O al confesionario. ¡Es ahora o nunca! Antes de dar el salto al confesionario, me tomo un tiempo para hablar con Dios. Le pido una buena confesión. Cuando esté en el confesionario y la puerta se cierre tras de mí, probablemente mi corazón palpite con más fuerza que en mi primera cita. No es de extrañar, porque por fin voy a conocer a alguien que es aún más poderoso e impresionante que nadie en esta tierra.

El sacerdote es solo «el oído»...

Después de la introducción, me pongo en marcha. Me pongo a ello. Repaso mi nota de confesión, punto por punto. A veces olvido la nota, solo utilizo los puntos como guía. El sacerdote que me escucha es el representante de Jesús. Él es «el oído»; el resto es secundario. Hablo con Jesús. Él me conoce. Y no se sorprende cuando saco del último rincón de mi corazón una bolsa de basura de la que casi me había olvidado. Él también conoce los rincones más oscuros de mi alma. Y se alegra de que por fin deje entrar la luz allí.

! Puedes encontrar el procedimiento exacto de la confesión en las páginas 30-33.

→ 232

¿Qué es fundamental en una confesión?

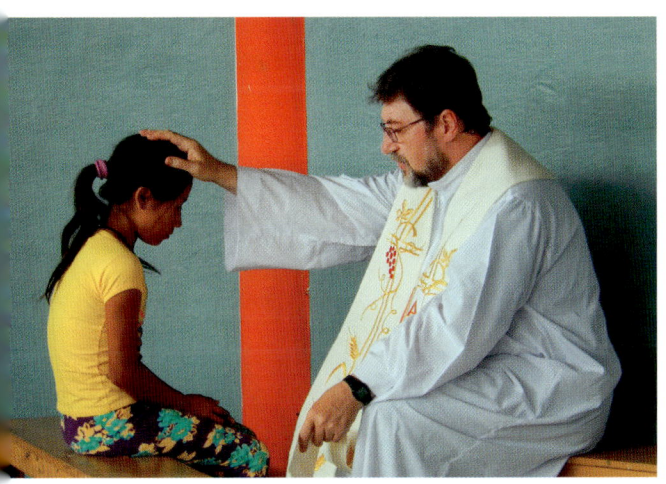

" El perdón no es algo puntual, el perdón es un estilo de vida.
MARTIN LUTHER KING

→ 314

¿Cómo sabemos que Dios es misericordioso?

" A los que aman a Dios, todo les sirve para el bien. También sus errores y caminos equivocados. Dios los permite para convertirlos en bien.
SAN AGUSTÍN

Una vez que le he contado a Jesús mis pecados, sigue la oración de arrepentimiento. No es nada complicado; en resumidas cuentas, solo añado «y lo siento» a «rompí la ventana». Me basta con decir: «¡Estos son mis pecados! Los confieso y me arrepiento de ellos».

Tardé un tiempo en darme cuenta de que Dios no está en absoluto enfadado conmigo por mis pecados. Él sabe que soy una criatura débil. No tengo que poner cara lastimera para ablandar su corazón y apaciguarle. Mis pecados entristecen a Dios, ante todo, pero no le enfadan. Me imagino lo complacido que se pone cuando me arrepiento de todo corazón y le pido perdón. El arrepentimiento es muy importante. Si no, ¡ni siquiera necesito confesarme!

En la historia de la humanidad, Dios nunca ha rechazado a nadie que le haya pedido perdón. Esto no es algo natural si piensas en cómo reaccionarías tú si, por ejemplo, tu amigo, por ejemplo, mete la pata una y otra vez. Te pide disculpas, tú le perdonas, él vuelve a hacerlo… en algún momento, todo el mundo se harta.

Dios no.

¡Ya han pagado por ti!

Me imagino que estoy de pie en el banco. Llevo conmigo mi pagaré. Me dirijo a la ventanilla. Detrás de ella hay un hombre agradable, con una bonita corbata. Todo mi cuerpo tiembla mientras hojea mi pagaré. Entonces le confieso que desgraciadamente no puedo pagar mis deudas. Estoy al límite de mis fuerzas... ¿Qué hace el hombre del mostrador? Levanta la vista, me mira amablemente a los ojos y rompe el pagaré hasta que solo quedan pequeños trozos de papel. «No importa», me dice, «ya han pagado por ti».

> Dios está más dispuesto a perdonar a un pecador arrepentido que una madre a salvar a su hijo del fuego.
> SAN JUAN MARÍA VIANNEY (CURA DE ARS)

→ Ef 2,8-9

 → 337
¿Cómo somos
salvados?

 Aunque
sus
pecados sean
como la
escarlata,
se volverán
blancos como la
nieve;
aunque sean
rojos como la
púrpura,
serán como la
lana.

ISAÍAS 1,18

Así funciona la confesión: «Ya han pagado por ti...». –¡Jesús ha pagado por mí! Sí, es realmente incomprensible, pero hace dos mil años Dios se propuso realmente pagar nuestras culpas. Cuando una empresa paga las camisetas de un equipo de fútbol, el jefe de la empresa quiere naturalmente que los futbolistas lleven el nombre de la empresa en sus camisetas y aumenten así el perfil y los beneficios de la empresa. Dios piensa de forma muy diferente. Dios lo hace por amor. Dios es amor. Y el amor no es calculador ni mucho menos busca únicamente su propio beneficio.

El sacerdote es el hombre del mostrador de la vida, designado para romper mi pagaré por orden de Dios. Es triste ver cuánta gente anda por ahí desesperada, utilizando los métodos más salvajes y extraños, supuestamente «ofertas de curación», con el fin de deshacerse del pagaré en lugar de simplemente acudir al hombre del mostrador y hacer que lo rompa.

Otra gran historia

Conozco una historia impactante: había una vez un hombre que había pasado por todo tipo de cosas en su vida y se había distanciado completamente de Dios. Un día, por diversión, fue a confesarse para gastarle una broma al sacerdote. Le contó sus disparatadas historias y, al final, le explicó burlonamente que no lo sentía en absoluto y se mofó de la aparente ingenuidad del sacerdote.

Por supuesto, el sacerdote no pudo absolverle de sus pecados, pero le dijo al joven: «Si realmente tienes agallas, entra en la cripta y ponte delante del crucifijo. Luego mira a Jesús y di en voz alta diez veces: "No me importa que hayas muerto por mí"».

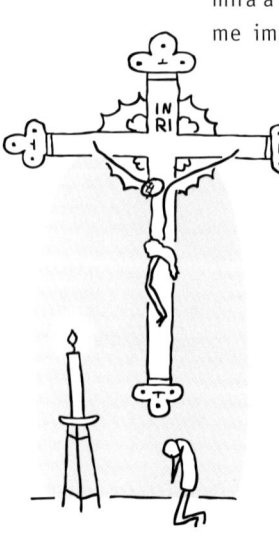

Presa de su honor, el hombre siguió realmente las instrucciones del sacerdote. Entró en la cripta, se puso delante del crucifijo y dijo: «No me importa que hayas muerto por mí». Repitió la frase unas cuantas veces más. De repente rompió a llorar y se tiró al suelo, sollozando. Luego volvió al confesionario. Esta vez se confesó correctamente. Esta vez fue absuelto de sus pecados. Y a partir de entonces se

convirtió; el amor de Dios se había apoderado de él.

El sacerdote es solo un instrumento de Dios. Por eso al principio no se permitió al sacerdote absolver al joven de esta historia, porque estaba claro que no se había arrepentido de sus pecados. Sin embargo, el verdadero arrepentimiento también incluye la voluntad de evitar el pecado y cambiar el comportamiento. Claro que es difícil cambiar realmente de comportamiento y abstenerse por completo del mal en el futuro. Pero aun así debo hacer de ello una firme intención. Dios me ayudará. Tras ser absuelto, el sacerdote impone una penitencia, normalmente una breve oración. Mucha gente piensa en la palabra «penitencia» como un castigo cruel

" Nunca hay un momento en nuestras vidas en el que no podamos emprender un nuevo camino.
CHARLES
DE FOUCAULD

→ 230

¿Qué es la penitencia?

que la Iglesia ha ideado para intimidar a la gente. Sin embargo, se trata mucho más de dar a Dios *una señal de reparación y gratitud*. De este modo, muestro mi voluntad de reparar el daño causado.

Una vez me ocurrió que fui a confesarme con un sacerdote del Tirol del Sur y tuvimos una charla tan agradable que al final no se acordaba de lo que quería que hiciera como penitencia. Me dio un buen susto cuando me dijo: «Bueno, como penitencia, por favor, escala el monte Everest de rodillas...». Al final, gracias a Dios, solo fue una oración.

Tras la confesión...

 → 339

¿Qué efectos positivos tiene la confesión?

Me siento increíblemente feliz, ¡liberado! Ya me ha pasado que me han corrido por las mejillas lágrimas de alegría. Pero también me ha ocurrido que no he sentido nada especial después de una confesión. Le pregunté a un sacerdote si había hecho algo mal. Me dijo: «No hiciste nada mal. Tu confesión ha funcionado. El sacramento de la reconciliación no consiste en que *sientas* que tus pecados han sido perdonados, sino en *que* ellos han sido perdonados. Si después te sientes igual, ¡mucho mejor!». ¡Vaya! Eso realmente me quitó la presión de encima otra vez.

¿Y si vuelvo a caer en mi antigua vida?

Sí, puedo caerme de morros una y otra vez siempre que me levante para otro combate. A veces, en un combate de boxeo con el Maligno, olvido la guardia en un momento de descuido ¡y recibo un puñetazo en toda la cara! No pasa nada si me derriban. El árbitro empezará a contar. Ahora es el momento. Dios me ayudará. ¡Volveré a ponerme en pie! Así que no importa cuántas veces me caiga mientras me guste la lucha y siga levantándome.

Yo puedo vencer porque creo en Dios. Y porque él cree en mí.

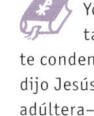 Yo tampoco te condeno –le dijo Jesús a la adúltera–. Vete, no peques más en adelante.

JUAN 8,11

¿Confesionario o diálogo confesional?

¿Qué es mejor?

El **confesionario** te permite permanecer en gran medida en el anonimato. El confesor aparece menos como un amigo comprensivo y consejero que te escucha pacientemente y entabla conversación contigo. Aquí la tarea del confesor resulta más clara que la de un juez, que escucha tus pecados, toma en serio tu arrepentimiento y luego te absuelve.

Es importante que sepas que el sacerdote que escucha tu confesión actúa en ti válidamente, ya sea un santo o alguien que lucha por reconciliarse consigo mismo y con su vida. Aunque fuera un criminal, te absolvería de tus pecados con la autoridad de Cristo. Y seamos sinceros: a veces también esperamos que una conversación comprensiva haga que el sacerdote minimice nuestros pecados: «¡Eh, no es para tanto!». A veces me molesta cuando un sacerdote me dice algo así. Estoy ante Dios, y si mi conciencia me acusa, no quiero oír: «¡Oh, pobre de ti, debes haber tenido una infancia terrible!».

Personalmente, suelo ir al confesionario más o menos cada cuatro semanas. Me preparo bien. Y no me lleva mucho tiempo –normalmente entre cinco y siete minutos–. Si de vez en cuando quiero tener una conversación en profundidad sobre mi vida, el confesionario no es el lugar adecuado para ello. Entonces me siento con un sacerdote en su despacho. Y cuando se ha dicho todo, él toma su estola, se la pone –se convierte entonces en ministro del sacramento de la penitencia– y concluimos el diálogo abierto con una confesión formal.

El peligro del confesionario reside en enumerar unos cuantos pecados. Absolver rápidamente unos cuantos pecados estándar, persignarse y volver a la vida cotidiana. La ventaja del confesionario reside en la preservación del anonimato. Pero ya sea en el confesionario o durante un diálogo confesional, el secreto de confesión se respeta absolutamente.

Un amigo me habló hace poco de una confesión que hizo en Washington. Entró en un confesionario de la catedral. Una luz verde indicaba que un sacerdote esperaba allí al siguiente penitente. Estaba oscuro en el confesionario y no se podía ver el

aspecto del sacerdote tras las rejas. Así que mi amigo empezó por relatar detalladamente sus circunstancias. Cuánto tiempo llevaba casado, cuántos hijos tenía, a qué se dedicaba y qué le preocupaba especialmente en ese momento. De repente, una voz grave sonó desde las profundidades del confesionario: «¡Sin historias, por favor! ¡Confiese!». Una historia maravillosa. Tengo ciertas simpatías por ese sacerdote de Washington. En la confesión, no debes divagar sin parar, sino ir directamente al grano. Si tienes alguna duda aquí y allá, se te permite hacer preguntas. Pero el confesionario no es un centro de información divino ni un diván psicológico, sino el lugar donde me encuentro con Dios mediante su ministro.

Confesarse mediante un **diálogo confesional** es una oportunidad maravillosa para experimentar el amor y la misericordia de Dios de forma tangible. Tengo algunas imágenes en mente. En Taizé, donde he estado a menudo, hay una «Noche de las velas» cada semana. Duran-

te la velada, varios hermanos se colocan bajo los soporta-
les de los alrededores. Puedes hablar con algunos de ellos
sobre tu vida y tu camino con Dios. Otros llevan una estola
para mostrar que son sacerdotes católicos. Puedes acercar-
te a ellos y pedirles una confesión. A menudo hay una larga
cola de jóvenes esperando para recibir el sacramento de la
reconciliación. Es realmente contagioso, casi una atracción:
«¡Eh, tú también deberías poner en orden tu vida con Dios!».
Un espacio lleno de anhelo, paz y belleza. Dios actúa aquí. Él
cambia a las personas en lo más profundo de sus corazones.
El diálogo confesional es algo maravilloso, porque, especialmente si todavía no se está seguro de lo que es realmente el
pecado, o si se quiere combinar el arrepentimiento con una
petición de «orientación», simplemente se necesita tiempo y
diálogo con alguien que escuche con paciencia divina y pro-
porcione ayuda con la Palabra de Dios.

Pero un diálogo confesional también alberga ciertos peli-
gros: todo podría degenerar en cotilleo. Y el sacerdote podría limitarse a ser un tipo agradable con el que da gusto hablar. La confesión es un acto sagrado, no debe trivializarse.

BERNHARD MEUSER

Preguntas sobre la confesión

Para todos aquellos que quieran conocerla exactamente

*Muchos jóvenes de Colonia y alrededores tienen un confesor especial: **el obispo auxiliar Klaus Dick** (1928). Este anciano y amable sacerdote, que en realidad ya está jubilado, se ha convertido en confidente de personas 60 años más jóvenes que él. Se trata de un gran golpe de suerte para ambas partes. A los jóvenes les encanta su trato paternal, que hace que sea fácil «desenvolverse» sin reservas. No es de extrañar que los jóvenes lo elijan de director espiritual. Rudolf Gehrig le preguntó todo lo que tenía en mente sobre la confesión.*

YOUCAT: Si tuviera que resumir en una palabra el sacramento de la penitencia, ¿qué diría?

Obispo Dick: El sacramento de la penitencia es el don del Señor resucitado a sus discípulos.

Lo siento, no lo entiendo: ¿«el don del Resucitado»?

Piensa en ello. ¿Qué ocurrió la mañana de Pascua? ¿Cuando Jesús se mostró a los discípulos? Deseó la paz a los apóstoles, les impartió el Espíritu Santo y dijo algo increíble: «A quienes perdonéis los pecados, les quedan perdonados». Los apóstoles transmitieron este «don del Resucitado» a sus sucesores, los obispos. Y así este don se transmitió de generación en generación a través de la consagración de los obispos, hasta nuestros días. Cuando un obispo ordena a un sacerdote, le transfiere esta autoridad. Y cuando un cristiano de hoy recibe el sacramento de la penitencia a través de un sacerdote u obispo, recibe este regalo de Jesús, ya sea en Nueva York o en la selva de Indonesia.

→ Jn 20,23

La confesión, ha dicho, es un sacramento, ¿qué quiere decir con eso?

Sí, la confesión (o más bien el sacramento de la penitencia) es uno de los siete sacramentos de la Iglesia católica. Los sacramentos son signos sagrados instituidos por Jesucristo que hacen exactamente lo que dicen que hacen. Esto significa que puedes estar absolutamente seguro de que tus pecados son realmente perdonados por el poder de Dios cuando el sacerdote te absuelve. El primer perdón de los pecados en la vida de una persona es el bautismo. El hecho de que incluso una persona bautizada pueda volver a pecar resultaba muy aterrador para los primeros cristianos. Pero pudieron recurrir a las palabras de Jesús y darse cuenta de que el perdón de los pecados también es posible después del bautismo.

Alguien me dijo una vez que la Iglesia inventó la confesión solo para mantener a la gente bajo control ...

Creo que eso es ridículo. La confesión puede justificarse bíblicamente. Desde el principio, los evangelios contienen la llamada: «¡Conviértanse!» (Mt 3,2; Mc 1,15). Para este arrepentimiento, el Señor Jesucristo autorizó a su iglesia: «A quienes perdonen los pecados, les quedan perdonados».

¿Cómo se ha desarrollado la confesión en la Iglesia?

Al principio, existía la opinión de que, una vez que las personas se bautizaban, se libraban de todos sus pecados, y simplemente ya no pecaban. Pero pronto la gente se dio cuenta de que eso ocurría. Entonces se pensó que solo se podía recibir este perdón una vez más después del bautismo.

Más tarde se hizo costumbre que los llamados «pecados capitales» fueran confesados públicamente ante la congregación: apostasía, asesinato y adulterio. Este era el requisito previo para el perdón de los pecados. Solo más tarde se comprendió que todo lo pecaminoso debía ser llevado a este sacramento una y otra vez. Así es como surgió la costumbre de que el pecador individual acudiera al sacerdote y se confesara ante él. Por cierto, también fue entonces cuando surgió el «secreto de confesión». Pero, a pesar de todos los desarrollos, el don del perdón de los pecados es esencialmente el mismo.

Secreto de confesión: eso suena fascinante...
Sí, eso también es fascinante. Todo confesor debe estar dispuesto a morir antes que transmitir lo que se le ha confiado en confesión. Tampoco se le permite hacer alusiones para que no se pueda deducir indirectamente quién ha confesado.

Suponiendo que el confesor me conozca, entonces pensará cosas malas de mí la próxima vez que me vea, ¿verdad?
Probablemente no haya confesor que no sienta un profundo respeto por el «que se confiesa»: o bien se maravilla de lo poco que

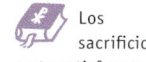 Los sacrificios no te satisfacen; si ofrezco un holocausto, no lo aceptas; mi sacrificio es un espíritu contrito, tú no desprecias el corazón contrito y humillado.
SALMO 51,18-19

 → 238

¿Puede un sacerdote contar algo de lo que se ha enterado en la confesión?

No eches a perder el amor de Dios pecando.
HEINRICH CHRISTIAN RUST

alguien tiene que confesar, o bien se asombra de su valentía al llevar al sacramento de la penitencia las ofensas graves. Siempre se siente feliz de poder impartir el perdón de Dios. Toda confesión sincera le dice al sacerdote: tú mismo debes convertirte en un cristiano aún mejor. Por cierto, el confesor nunca debe incorporar el conocimiento de la confesión a su actitud hacia el confesado. Tampoco debe abordar nunca el contenido de la confesión fuera de ella.

¿El confesor siempre tiene que absolverme?
Si el que confiesa se arrepiente de sus pecados, el sacerdote no puede negarle la absolución. Tampoco debe reñirle.

¿Y si no consigo confesarme por pura ansiedad?
Creo que el buen Dios será ciertamente muy generoso y dirá: «No te culpo, pero habría sido más inteligente que te hubieras confesado. Te habrías ahorrado mucha ansiedad».

Si me resulta imposible decir un pecado, aunque me pese, ¿hay algún truco que pueda utilizar para superar esta angustia?
Dese cuenta de que al decirlo se me ayudará. Y no hay otras consecuencias malas. Si voy a la farmacia porque necesito urgentemente medicamentos para mi infarto, pero no me atrevo a decir que tengo una enfermedad cardiaca, soy un estúpido. No conseguiré la medicación. Tengo que darme cuenta de que, en última instancia, solo me estoy confesando ante Jesucristo. Al fin y al cabo, el sacerdote está obligado por el secreto. Y no tiene sentido no confesarle a Jesús algo que él ya sabe.

¿Y si me expreso lo más vagamente posible en el confesionario?

El confesor debe ser capaz de evaluar hasta cierto punto el peso del pecado, de lo contrario se convierte en un proceso mecánico en el que un robot podría teóricamente absolver la ofensa. Por ejemplo, si confieso que he discutido con mis padres, es diferente que esto no haya sucedido nunca en los últimos 20 años o que haya mantenido una disputa constante con ellos durante 15 años. Tengo absolutamente que decírselo al confesor. Tengo que decírselo al confesor. Para los pecados leves, no necesariamente tienes que hacer una confesión exhaustiva. La confesión no es una declaración de la renta.

> El poder de los malos se nutre de la cobardía de los buenos.
> SAN JUAN BOSCO

→ 396

¿Cómo se relaciona un cristiano con la ira?

¿Cómo me recomienda confesar?

No hay reglas. Lo único que importa es hacer un examen de conciencia: «¿Qué he hecho mal ante Dios?». Entonces tienes que arrepentirte sinceramente y decirte a ti mismo: «Tengo que cambiar algo». Un requisito previo básico es que esta confesión sea realmente hablada. Después de todo, el sacerdote como confesor debe saber de qué está absolviendo a la otra persona.

¿Qué le importan realmente a Dios mis pecados?

Dios es amor. No le es en absoluto indiferente lo que hagamos o dejemos de hacer. Se interesa por cada pensamiento y cada palabra. Después de todo, el pecado es lo que nos destruye. ¿Y Dios no debería interesarse si nosotros, sus hijos amados, nos destruimos constantemente? Por eso el confesor tiene la tarea de dejar claro que cada pecado –incluido el pecado contra otra persona– afecta a mi relación con Dios. Y Dios quiere arreglarlo de nuevo.

¿Perdona Dios también los pecados que no he confesado?

Dios siempre perdona sin reservas. Esto también se aplica a los pecados que se hayan olvidado mencionar en confesión. Sin embargo, no confesar deliberadamente un pecado significaría no arrepentirse de él. Pero, sin arrepentimiento, Dios no puede perdonar el pecado.

¿Qué tengo que confesar?

En general, el sacramento de la penitencia existe para todos los pecados, pero es obligatorio para los pecados que realmente han destruido mi relación con Dios. Son los llamados «pecados mortales», que deben confesarse, porque primero hay que restablecer una relación destruida con Dios para poder, por ejemplo, volver a recibir la eucaristía. Todo lo demás son los pecados leves, los llamados «pecados veniales». También pueden y deben confesarse. Pero la Iglesia no nos obliga a hacerlo.

¿No es la confesión una carta en blanco, según el lema: «Puedo confesarlo todo de nuevo de todos modos»?
Quien piense así nunca ha hecho una confesión auténtica. Una confesión en la que no tengo la voluntad de enmendarme después

→ 234

¿Cuándo hay obligación de confesar los pecados graves? ¿Con qué frecuencia hay que confesarse?

→ 233

¿Qué pecados hay que confesar?

no es válida. ¿Cómo puedo esperar que Dios me perdone? En el momento en que peco y digo con indiferencia: «¡No es tan grave, puedo volver a confesarme la próxima vez!», eso mismo es otro pecado. Esto se llama «pecar voluntariamente confiando en la misericordia de Dios».

¿Por qué debo confesarme si después volveré a cometer pecados con toda seguridad?

Las personas que se confiesan con regularidad siempre conciertan una cita para la siguiente confesión. En otras palabras, realmente se deciden: «¡Quiero evitar el pecado, quiero hacerlo mejor!». Pero sé que no lo conseguiré. Ahora bien, es precisamente cuando sé que volveré a pecar cuando la confesión puede ser completamente auténtica. Lo importante es aprovechar al máximo el nuevo comienzo que Dios da. Porque puede ocurrir que intentes hacer algo diez veces; diez veces no funciona, pero la undécima sí.

Pero es frustrante cuando confieso siempre lo mismo...

Sí, mucha gente me dice eso, a lo que yo respondo: «Sí, ¿crees que necesitas darle un cambio a Dios, que necesitas pecar de otra manera? ¿Por qué no te alegras de confesar siempre las mismas cosas? Dado que, si no te confesaras porque siempre son las mismas cosas, un día serías culpable de algo aún peor que tu pecado estándar. Por cierto, yo también confieso siempre las mismas cosas».

¿Con qué frecuencia debo confesarme?

En realidad, no hay ninguna regla sobre la frecuencia con la que deberías confesarte, salvo que deberías recibir el sacramento de la penitencia al menos una vez al año. Si realmente quieres vivir una vida con Dios, es muy útil confesarse a intervalos manejables (antigua regla básica: cada cuatro semanas).

Antes ha dicho algo sobre el «pecado mortal», ¿qué es exactamente?

El pecado mortal o pecado «grave» es un claro «¡No!» a Dios, la transgresión de un manda-

" La gloria no está en no caer nunca, sino en levantarse siempre de nuevo.
SAN AGUSTÍN

→ 235

¿Puede uno confesarse también cuando no se han cometido pecados graves?

miento en un asunto importante, siempre que se tenga claro conocimiento y libre albedrío sin restricciones. Esto siempre ha incluido la apostasía, el asesinato y el adulterio. Pero hoy debemos mencionar también: la calumnia grave, la denegación de ayuda en peligro de muerte, el aborto, el tráfico de seres humanos, la explotación, la privación de la base material de la vida, etc. Es importante señalar que siempre se requiere un «conocimiento claro» para un pecado mortal.

¿Cuál es la diferencia entre pecado grave y venial?
Permítanme expresarlo sencillamente con las palabras de un escolar de nueve años: «Si no he amado a Dios en absoluto, es un pecado grave; si he amado a Dios demasiado poco, uno venial». Si conoces a Dios y le dices «No», definitivamente vas por mal camino.

El tema del sexo. Muchos jóvenes se sienten muy inseguros al respecto, consideran normal tener relaciones sexuales antes del matrimonio, quieren probar si son compatibles...
Hay una palabra maravillosa del papa Juan Pablo II: «La comunión física y sexual es algo grande y hermoso... No se puede vivir solo una vida de prueba, no se puede morir solo de prueba. No puedes amar solo de prueba, no puedes

409 *¿Es la masturbación una falta contra el amor?*

La Iglesia no demoniza la masturbación, pero advierte de que no hay que trivializarla. De hecho, muchos jóvenes y adultos corren el riesgo de sentirse solos al consumir imágenes, películas y ofertas eróticas de internet, en lugar de encontrar el amor en una relación personal. La soledad puede llevar a un callejón sin salida donde la masturbación se convierte en una adicción. En realidad, a nadie le hace feliz seguir el lema «No necesito a nadie para la sexualidad; me basto a mí mismo, la practico como y cuando quiero».

aceptar a una persona solo de prueba y un tiempo». Imagínate que un niño nace durante una «prueba» de este tipo. Y que eso ocurre una y otra vez. Cuántas veces he oído en confesión: tuvimos que abortar al niño, es decir, ¡matar al niño! O tienen al niño, pero no pueden seguir juntos porque eran aún demasiado jóvenes o inmaduros. ¡Qué injusticia para este nuevo ser humano que viene al mundo lleno de ansias de amor! Por eso la Iglesia dice: el sexo es algo hermoso,

→ 408

¿Cómo se puede vivir como joven cristiano cuando se vive en una relación prematrimonial o ya se han tenido relaciones prematrimoniales?

pero solo es plenamente válido cuando se sabe que se quiere permanecer juntos para siempre. Entonces, cásense.

Sin embargo, si tengo una relación prematrimonial y no puedo cambiarla, ¿me está permitido confesar?

Sí, ¡sin duda debes confesarte! Puedes decirle a Dios: «¡Lamento no poder cambiarlo!» y considerar honestamente con tu confesor si puede cumplir mejor la voluntad de Dios y cómo. Entonces el sacerdote podrá ayudarle.

Algunos dicen: No necesito mandamientos. Mi conciencia es suficiente para decirme lo que está bien y lo que está mal...

Si eso fuera cierto, no habría verdad, ni bien ni mal. Porque una persona actuaría según su conciencia, y la otra, que también se remite a su conciencia, haría exactamente lo contrario. Un sacerdote pensaría que lo que hice estuvo muy bien, otro pensaría que estuvo muy mal. La conciencia es la capacidad de distinguir entre el bien y el mal, pero sobre la base de las normas y los mandamientos existentes. «¡No mentirás!»: esto se aplica siempre en todos los casos. En un sentido más profundo, la conciencia es la capacidad de aplicar normas dadas. Así, una vez que he

oído que no debo mentir, hay situaciones en la vida cotidiana en las que tengo que aplicarlo. En la confesión, el sacerdote me ayuda a reconocer lo que es verdad.

¿Cómo funciona la conciencia?

Un ejemplo: Si el padre prohíbe a los niños corretear porque de lo contrario se romperá el precioso jarrón chino, inmediatamente se sienten culpables cuando el jarrón se rompe de verdad. Por supuesto, si nunca se les hubiera dicho a los niños nada al respecto, no habrían sabido el daño que estaban causando. Así es como funciona la formación de la conciencia. Es como una vieja balanza de boticario con dos platillos; en un lado tenemos las pesas (normas, mandamientos, palabras de la Biblia, palabras de Jesús), en el otro los hechos: cuantas más pesas tenga, con más precisión podré evaluar un hecho, podré ver si es verdadero o falso, bueno o malo. Lee las palabras de Jesús en la Biblia: «Les aseguro que cada vez que lo hicieron con el más pequeño de mis hermanos, lo hicieron conmigo», y una vez que lo hayas comprendido entonces nunca más volverás a pasar descuidadamente de largo ante un pobre. Las palabras de Jesús son una piedra de peso muy poderosa.

→ 297

¿Se puede formar la conciencia?

→ Mt 25,40

¿Puede equivocarse la conciencia?

Sí, es posible. El cardenal Ratzinger, que probablemente no es del todo desconocido, ha señalado que ciertamente también hubo criminales nazis que mataron a judíos con la conciencia tranquila.

¿Qué puedo hacer para que mi conciencia esté lo más tranquila posible?

Adquirir una buena colección de pesas para equilibrar la balanza. Y explorar constantemente tu conciencia, por ejemplo, por la noche. Solo así podrás evitar en el futuro situaciones peligrosas en las que actúes en contra de tu conciencia.

Hay una norma que dice que a veces hay que confesarse primero si se quiere comulgar. ¿Qué tengo que haber hecho para eso?
La comunión es la unión más profunda con Cristo; una comunión más íntima entre Cristo y cada cristiano es inconcebible. ¿Y cómo va a suceder eso si al mismo tiempo le digo «¡No!» a Dios cometiendo un pecado grave? Recibir la comunión sería una sola mentira. Así pues, cualquiera que esté agobiado por un pecado que le separe de Dios debe confesarse antes de recibir la comunión. De lo contrario, recibirán el sacramento de la eucaristía indignamente.

Después de la absolución me imponen una «penitencia». Eso suena a castigo...
Sí, la palabra «penitencia» es muy engañosa. Dios me ha absuelto de mi pecado y ya está. No tengo que hacer una gran penitencia para que la absolución surta efecto. Por eso el sacerdote suele proponer que hagamos una breve oración como un signo de reparación y agradecimiento a Dios. Además de la voluntad de reparar el daño, expresa mi alegría por poder empezar ahora una vida completamente nueva con Dios.

99 El confesionario no es una cámara de tortura. Dios no me espera para golpearme, sino para recibirme con dulzura.
PAPA FRANCISCO

LO BÁSICO:

LOS DIEZ MANDAMIENTOS

1. Amarás a Dios sobre todas las cosas.

2. No tomarás el nombre de Dios en vano.

3. Santificarás las fiestas.

4. Honrarás a tu padre y a tu madre.

5. No matarás.

6. No cometerás actos impuros.

7. No robarás.

8. No dirás falso testimonio ni mentirás.

9. No consentirás pensamientos ni deseos impuros.

10. No codiciarás los bienes ajenos.

 → 349